AF438282

MUSÉE NATIONAL.

NAPOLÉON.

Napoléon Bonaparte naquit à Ajaccio (Corse), le 15 août 1769, d'une famille originaire de cette Toscane qui a donné au monde le Dante, Michel-Ange, Machiavel et Galilée. Sa mère avait éprouvé les premiers symptômes de la grossesse sur le Monte-Rotondo, un des pics les plus élevés de l'île, d'où le regard effrayé va se perdre tour à tour dans l'infini du ciel et dans l'immensité de la mer. Elle avait cherché un asile dans ces retraites, accessibles à peine pour les indigènes, la guerre que les Corses soutenaient contre la France les ayant forcés d'abandonner le littoral à leurs ennemis. Le jour même de sa délivrance, Mme Lætitia était allée à la messe. Tout à coup elle fut prise de douleurs tellement violentes, qu'elle quitta l'église en toute hâte et n'eut que le temps d'arriver chez elle, pour déposer le merveilleux enfant sur un vieux tapis antique représentant les scènes les plus majestueuses de la mythologie et de l'Iliade. La maison des Bonaparte, une des plus belles d'une ville toute construite dans le goût italien, avec des portails en marbre, est située devant une petite place formant un quadrilatère, sur laquelle les enfants ont l'habitude de jouer aux osselets, dans les espaces qui séparent quatre beaux acacias dont le plus imposant se balance à côté de la chambre, religieusement conservée dans son état primitif, où Napoléon a vu le jour. Ajoutons qu'Ajaccio se cache au fond d'un golfe qui rappelle les merveilles des bords de Naples. Nulle part, en Italie, la lumière ne verse sur l'horizon des teintes plus magiques; nulle part les vaisseaux ne trouvent une bienvenue plus invitante que sur ces eaux, si brillantes par une belle matinée, le jour mollement assoupies, et constellées la nuit des étoiles du ciel. Un amphithéâtre circulaire de montagnes granitiques dont les flancs décharnés répercutent violemment les rayons d'un soleil africain, et qui expirent en collines arides où croît la vigne jusqu'à la plage

sablonneuse que le flot nivelle, voilà les contours d'un paysage qui s'ouvre sur
la Méditerranée, en face de l'Espagne, et sur le chemin de l'Algérie. Les
Arabes, qui ont plusieurs fois ravagé la Corse au Moyen-Age, et qui ont laissé
dans l'île cette race de chevaux dont l'agilité ne peut être égalée que par le
vent du désert, ont dû retrouver une image de leur nomade patrie dans ces
monolithes calcinés et blanchis qui, dans certaines localités, offrent seuls une
ombre secourable au voyageur haletant.

C'est au sein de ces horizons, où se marient les lignes pures de l'Italie et les
aspects abrupts et grandioses de l'Orient, que naquit le génie des temps modernes, qui devait unir le calme profond de César à l'imagination créatrice de
Moïse et de Mahomet. Dès l'âge le plus tendre, Napoléon annonçait une organisation extraordinaire ; il ne se mêlait à ses compagnons que pour se donner
le spectacle de la guerre, et le commandement lui était toujours abandonné,
dans un pays dont les habitants ne renoncent pas plus facilement à leurs riva-
lités qu'à leurs inimitiés. Quoiqu'il ne fût que le second des enfants, son grand-
oncle, l'archidiacre Lucien Bonaparte, un de ces prêtres qui ne rêvent que la
grandeur de leur maison, avait soin de dire à Joseph que Napoléon était le
véritable chef de la maison. Le signe évident de la supériorité était empreint
sur ce front prédestiné.

Admis, à l'âge de huit ans, au collége de Brienne, par la protection de M. de
Marbeuf, gouverneur de la Corse, que son père, Charles Bonaparte, avait vic-
torieusement défendu à Versailles contre le crédit de M. de Narbonne-Pelez,
il se distingua promptement par une forte originalité de caractère et par une
intelligence pour laquelle les plus grandes difficultés avaient un vif attrait.
Naturellement doux et affectueux, c'est lui-même qui s'est loyalement rendu
cette justice, il recherchait pourtant la solitude, sans doute pour mieux sonder
l'abîme de sa pensée. Il avait un petit jardin où il aimait à se retirer, et là, se
promenant avec une précipitation fiévreuse, il projetait sur une figure pâle et
mobile les reflets des vérités radieuses vers lesquelles il s'élançait avec la fou-
gue de la jeunesse. Ses camarades avaient besoin d'agiter leur corps et se
livraient à tous les exercices de leur âge ; Napoléon n'éprouvait que le tour-
ment de l'intelligence. Ses organes, il ne les mettait en branle que pour aider
les évolutions de son esprit ; il vivait par la pensée, jusqu'à ce que le jour vînt
où il pourrait vivre par l'action qui se grave sur l'airain.

On conçoit qu'il devait exciter autour de lui une attente extraordinaire.
M. de l'Eguille, son professeur d'histoire, écrivait de Napoléon : « Corse de
nation et de caractère, il ira loin si les circonstances le favorisent. » Domairon,
le célèbre rhéteur, rencontrant cette fois des expressions originales, disait :
« C'est du granit chauffé au volcan. »

Les camarades de Napoléon n'avaient pas de lui une opinion moins haute ;
une anecdote fera bien comprendre la fascination qu'il exerçait sur eux. L'hi-

ver de 1783 à 1784 fut très-rigoureux ; les neiges, amoncelées dans les cours du collége, avaient en quelque sorte bloqué les jeunes gens dans leurs salles d'étude, et les avaient réduits à une inaction pesante. Napoléon, fatigué, lui aussi, de cette existence monotone, leur propose de construire une citadelle avec ces matériaux d'une nouvelle espèce. Aussitôt on s'arme de pelles, on s'ouvre des chemins dans la neige, et Napoléon épuise l'art de Vauban à fortifier la place improvisée qu'il doit ensuite attaquer. Ce travail fini, les jeunes gens se divisent en assiégés et en assiégeants : c'est Napoléon qui dirige les attaques. Le démon de la guerre enflamme les combattants, et la vigueur avec laquelle on lance les projectiles de neige occasionne plus d'une contusion et d'une chute qui, tout en meurtrissant les victimes, ne laissent pas que d'exciter une hilarité générale. Il paraît que Napoléon eut l'avantage d'être un des plus maltraités.

En 1785, M. de Keralio, après l'avoir examiné, le porta sur la liste des candidats admis à l'École Militaire de Paris. On lui fit vainement observer que le jeune Bonaparte avait fait peu de progrès dans le latin, et n'était vraiment fort que sur les mathématiques. « Je sais, répondit-il, que je passe par-dessus la « règle ; mais j'aperçois dans ce jeune homme une étincelle précieuse qu'il faut « cultiver. »

A l'École Militaire, Napoléon, frappé des abus sans nombre qui régnaient dans cet établissement, présenta au directeur, M. Berton, un mémoire fortement conçu dans lequel il indiquait toutes les réformes urgentes qu'il fallait opérer. Il se plaignait que des jeunes gens, presque tous de parents pauvres, et qui étaient destinés à supporter les rudes privations de la guerre, fussent élevés aussi mollement que de riches héritiers qui devaient éteindre une existence inutile au milieu des raffinements d'une civilisation corrompue. Ce mémoire, le plus remarquable des écrits qui sortirent de sa plume avant le siége de Toulon, porte déjà l'empreinte de cette netteté incisive d'esprit et de cette puissance organisatrice qui furent les attributs essentiels de Napoléon.

A dix-huit ans, Napoléon sortit de l'École Militaire pour entrer dans le régiment de la Fère en qualité de lieutenant en second. Envoyé en garnison à Valence, il obtint facilement des succès pour lesquels on ne l'aurait pas cru fait. Sa conversation hachée, brusque, éclatante d'images et relevée d'expressions originales, quelquefois bizarres, ne paraissait pas de nature à être goûtée dans un siècle où l'esprit, ravalé jusqu'au calembour, obtenait un culte universel. A cause sans doute de cette disposition qui nous fait aimer le contraire de notre nature, Napoléon devint l'homme à la mode de Valence. Il est vrai que le beau type de sa figure devait lui faire pardonner ce qu'il y avait de sauvage et d'indomptable dans son organisation. Une parfaite régularité de traits rehaussée par un front olympien, un teint d'une pâleur ardente et safranée que tempérait un sourire léger, effaçant l'ironie facilement éclose aux coins des lèvres ;

des yeux bleu de ciel, capables de contenir l'infini, et ne laissant ordinairement surnager à leur surface qu'une bienveillance calme, quoique pouvant
rapidement se voiler de vapeurs dont la foudre ne tarderait pas à jaillir; des
cheveux plats, inflexibles comme la destinée; un ensemble de figure mobile,
mais ne grimaçant jamais; toujours beau, même dans la colère, même dans la
douleur comme l'Apollon du Belvédère et le Laocoon : ce sont là des avantages
avec lesquels Napoléon ne pouvait manquer de captiver les femmes. Il enleva
le cœur de mademoiselle du Colombier, la fille d'une femme distinguée de la
ville. Mais en amour Napoléon arrêtait sans effort le cours de ses conquêtes; il
savait, comme tous les vrais amoureux, se contenter de peu. Ainsi que Jean-Jacques Rousseau, il se bornait, dans ses rendez-vous avec sa maîtresse, à cueillir
et à manger des cerises.

Pendant son séjour à Valence il s'était adonné avec une espèce de fureur à
la lecture. Il eut bientôt épuisé tous les ouvrages d'un cabinet littéraire en face
duquel il était logé. Le besoin d'échapper à l'ennui le força à relire les mêmes livres. Cette circonstance fort heureuse le rendit à jamais maître des richesses intellectuelles qu'il avait acquises. Plus tard, au milieu du tumulte des
camps et du tourbillon des affaires, il put étonner les hommes les plus instruits
par l'étendue et la sûreté de son érudition. Les points les plus vagues de la
chronologie restèrent gravés en traits lumineux dans sa tête, et dans aucune
occasion sa mémoire n'eut de peine à les évoquer. Napoléon, qui ne prévoyait
pas alors quels matériaux précieux ses lectures lui fourniraient pour la reconstruction d'une société démantelée jusque dans ses bases les plus profondes,
put en tirer immédiatement un parti capable de satisfaire son amour-propre.
L'Académie de Lyon avait mis au concours cette question posée par l'abbé
Raynal : « Quels sont les principes et les institutions à inculquer aux hommes
« pour les rendre le plus heureux possible ? » Ce problème, dans ses termes
généraux, semblera plus tard puéril à l'homme qui, profondément pénétré
des nécessités historiques, professera le dédain le plus énergique pour les idéologues. Mais à vingt ans Napoléon n'avait pas encore dégagé sa vigoureuse originalité des influences étrangères qui l'altéraient. Il écrivait alors sous la dictée
de son siècle, avec la plume déclamatoire de l'auteur de l'*Histoire philosophique
des deux Indes*. Étonnez-vous, après cela, qu'il ait jeté au feu son Mémoire
couronné par l'Académie lyonnaise, lorsqu'il lui fut dans la suite remis par
Talleyrand, empressé à lui faire sa cour! étonnez-vous qu'il n'ait pas senti ses
entrailles paternelles s'émouvoir pour une œuvre qui n'était pas évidemment
le produit naturel de son génie!

La révolution française lui inspira un enthousiasme bien autrement sérieux
et bien autrement durable. C'est que cet immense événement, en abolissant des
institutions dont la sagacité de Napoléon avait sondé tous les vices, ouvrait une
carrière nouvelle aux ambitions légitimes. La convocation des États-Généraux

n'était pas d'ailleurs une abstraction dont l'application pût être jugée à jamais impossible. C'était la réalité la plus dramatique qui venait provoquer l'imagination de l'homme qui, en portant la main sur sa poitrine palpitante, s'écria un jour : *Je sens en moi l'infini !* Qui pourra dire toutes les pensées qui se pressèrent dans la tête de Napoléon lorsqu'il vit un monde entier disparaître dans un gouffre dont le chaos seul pouvait s'élancer ? Qui sait si dans quelque rêve prophétique la destinée de Cromwell ne s'offrit pas à lui pure du meurtre d'un roi, et libre de tous les voiles d'un fanatisme hypocrite ? Il est certain que les phases sanglantes de la révolution produisirent sur son âme une lugubre impression. Un moment il crut toucher à la fin des temps. Lorsqu'il vit Louis XVI coiffé du bonnet de la liberté par les insurgés du 20 juin, il regarda la monarchie comme perdue et il se retira en Corse, où il employa son épée à combattre, au nom de la France, le général Paoli, son ami, devenu l'auxiliaire des Anglais. La ville d'Ajaccio étant tombée au pouvoir des ennemis, la maison des Bonaparte fut incendiée. Il ne resta plus dès lors à Napoléon qu'à chercher un asile à Marseille ; il courait la chance, en échappant au fer britannique, de périr sous le triangle révolutionnaire. Mais dans cette époque néfaste on n'avait que le choix de la mort ; l'un dérobait à l'échafaud sa proie par le poison ; l'autre se déchirait les entrailles comme Caton , abandonnant son cadavre sur une grande route aux vautours. La peur quelquefois se chargeait de la besogne du bourreau. Trop heureux celui qu'avait épargné la mémoire de Fouquier-Tainville ! Encore plus heureux le soldat qui avait fait un rempart de son corps à la patrie, au lieu de servir de marchepied au sanguinaire triumvirat !

Napoléon demanda du service. Il se réfugia dans la gloire, qui, malheureusement, comme le génie et la vertu, remplissait plus d'une fois alors l'office de dénonciateur. Un front illuminé se trouvait souvent marqué du sceau de la proscription ; une tête ne s'élevait quelquefois au-dessus des autres que pour tomber dans le panier fatal. Envoyé au siége de Toulon avec le grade de commandant d'artillerie, Napoléon eut à lutter contre le général Cartaux, militaire ignorant et entêté, couvrant par un faste insolent une incapacité radicale ; vainement il démontre à son chef que ce n'est pas directement contre la ville qu'il faut diriger l'attaque, mais que la reddition de la place ne peut être définitive que si l'on devient maître de la rade. Le général s'obstine dans sa grossière erreur, et ce n'est que grâce à l'intervention des représentants du peuple que Napoléon parvient à mettre à exécution le plan qui chassera les Anglais de Toulon. Une fois le Petit-Gibraltar, un des forts qui dominent la rade, au pouvoir des Français, il ne craint pas d'annoncer que le lendemain ils coucheront dans les murs de la ville. Déjà dans ce siége mémorable, Napoléon déploie cette sûreté de coup d'œil et cette hardiesse de vues qui font présager la campagne d'Italie. Ce qui le distingue dès cette époque, c'est la rapidité avec laquelle il plonge au cœur même des difficultés , et la puissance avec laquelle il sait lier des mouvements partiels à une opération principale. Comme Dieu, il tend vers une fin unique avec un petit nombre de moyens. Le génie éclate, non dans la conception d'une machine compliquée comme celle de Marly, mais dans la création d'un moteur simple et puissant.

Pendant le siége de Toulon il montra un courage héroïque et une abnégation de lui-même qui le faisaient descendre aux moindres détails d'exécution. Dans une batterie, un des canonniers venait d'être tué : Napoléon s'empare aussitôt du refouloir, et il charge lui-même plusieurs coups. L'artilleur qu'il avait remplacé avait eu la gale. Le vainqueur de Toulon se l'inocula sans le savoir, en maniant les objets qui en étaient infectés, et ce fut la cause de cette maigreur maladive qui ne céda que sous l'influence d'un traitement prescrit par Corvisart. C'est au siége de Toulon qu'il connut et apprécia Duroc et Junot; le premier surtout fut toujours son ami de cœur. Plus tard, ni la gloire, ni l'empire du monde, ne purent affaiblir une sympathie fortifiée par la plus entière confiance réciproque : c'est dans l'âme de Duroc que Napoléon versait ses chagrins les plus intimes et ses desseins les plus secrets. Lorsque Duroc mourut, Napoléon le pleura sincèrement, et jusqu'au dernier moment il lui conserva le culte des regrets. Quelle meilleure réponse peut-on faire à ceux qui prétendraient que le génie du grand homme, en illuminant son intelligence d'une lumière qui pénétrait tous les objets, avait, comme un soleil d'Arabie, desséché toutes les fibres de son cœur? Non, l'âme de Napoléon ne fut pas pétrifiée ; nous vous attestons, larmes amères qui avez coulé sur le cercueil de Duroc, au souvenir du roi de Rome et de cette France qu'il avait tant aimée !

Nommé général à l'armée d'Italie, Napoléon contribua à la prise de Saorgio, et aux affaires de Tanaro et d'Oneille. Mais au moment où il voyait un avenir immense s'ouvrir devant lui, il fut réduit, par un bizarre enchaînement de circonstances, à laisser dans le fourreau cette épée dont le poids devait faire pencher la balance des destinées du monde. Quoiqu'il eût formellement refusé de s'associer à la fortune de Robespierre, après la réaction thermidorienne, les trois représentants du peuple, Albitte, Laporte et Salicetti le firent mettre en état d'arrestation, le déclarèrent indigne de l'armée, et le traduisirent devant le comité de salut public. Mais ces persécutions ne suivirent pas leur cours, et il fut vraiment heureux qu'un général de vingt-quatre ans, dont tout le crime était d'avoir glorieusement servi son pays, ne fût pas jeté dans le tombereau qui avait porté Robespierre à l'échafaud. Napoléon n'eut pas plutôt sauvé sa vie, qu'il eut à défendre son grade contre les tracasseries jalouses du comité de la guerre. Aubry, qui en était le directeur, voulait l'envoyer en Vendée, en qualité de général d'infanterie. Napoléon, qui devait sa liberté à son énergie, ne montra pas moins de fermeté vis-à-vis du bureaucrate orgueilleux. Il répondit avec insolence, lorsque celui-ci lui objecta sa jeunesse, qu'on vieillissait vite sur le champ de bataille. Aubry n'avait jamais vu le feu. Pontécoulant remplaça un moment Aubry, et il chargea Napoléon de confectionner les plans de campagne. Bientôt Letourneur de la Manche, nommé président du comité militaire, envie cette faveur à Napoléon, et le laisse tout à fait sans emploi. Las de toutes ces secousses, le vainqueur de Toulon commence à désespérer de son étoile en Europe. Il tourne avec une avidité inquiète ses regards vers l'Orient, cette terre des prodiges et des mystères ; il pense alors que le caprice d'un vizir peut être plus fécond pour l'avenir d'un soldat que le hasard des révolutions. Mais des météores comme Napoléon ne se lèvent pas pour ranimer un empire dévoré de consomption, comme l'était en 1795 l'empire Ottoman ; Dieu ne les envoie que pour diriger et organiser les forces d'une société qui se régénère. Votre génie, ô grand homme ! est destiné à créer un monde nouveau, et non à prolonger l'agonie d'une civilisation impuissante. Vous n'êtes pas de ceux qui doivent s'acharner à recrépir les édifices qui s'en vont en poussière aride ; mais de ceux qui bâtissent pour l'éternité. Oui, vous irez en Orient ; les pyramides vous parleront un langage que vous traduirez dans un style sublime à votre armée ; le désert vous révélera ses étranges harmonies, et Mahomet vous inspirera des pages brillantes comme le soleil, parfumées comme le sein des houris, lorsque vous voudrez vous faire reconnaître des adorateurs du Coran pour le successeur du Prophète. Vous verrez la ville d'Alexandre, le foyer de tous les systèmes philosophiques, de toutes les religions et du commerce du monde, et vous apprendrez que le génie qui fonde est supérieur au génie qui détruit. En vain vous chercherez la trace à jamais ensevelie des courses du fils de Jupiter Ammon. Un de vos contemporains, un grand poëte, croira faussement avoir deviné le fameux passage du Granique. Arbelles, Issus, d'abord monceaux de cendres et de cadavres, qu'êtes-vous aujourd'hui, sinon de grands noms, et des noms presque impossibles à graver sur les lieux qui les ont portés, et qui ne les connaissent plus ? Oui, vous irez en Orient, mais pour y recevoir le baptême du merveilleux que cette terre seule peut donner. Vous irez pour y puiser les inspirations gigantesques des anciens jours ; et puis, après avoir ébloui le brumeux Occident de votre gloire, vous mourrez par-delà l'Orient, entre le ciel et la mer, ce double infini capable seul de contenir votre pensée.

Le cadre fort étroit de notre publication ne nous permet guère de tracer une biographie complète de Napoléon. C'est moins la vie de l'homme que nous avons entrepris de donner à nos lecteurs, qu'une étude rapide sur l'Empereur. Nous désirons surtout faire partager notre enthousiasme pour cette nature immense qui a reflété avec une puissance gigantesque toutes les faces de son époque, et qui seule dans les temps modernes a conquis une popularité universelle dans les deux mondes. Pendant que les masses admirent, la calomnie et le dénigrement sont encore à l'ordre du jour dans certaines feuilles publiques. Notre travail est une réponse indirecte à ceux qui ne veulent tout au plus laisser sans tache que la gloire militaire de l'Empereur. Pour nous, Napoléon est l'homme dont le peuple suspend l'image à côté de celle du Christ. Nous allons donc parcourir rapidement les champs de bataille de l'Italie et de l'Égypte. Notre récit va se heurter aux plus grands noms; ici les choses parleront assez elles-mêmes. Silence! la parole est aux faits. C'est au moment où Napoléon se tournait vers l'Orient, que le génie de la France se disposait à lui redemander son épée. Les pouvoirs de la Convention expiraient; la terrible assemblée, avant de les résigner, voulait s'assurer que l'esprit réactionnaire, qui se précipitait déjà vers une restauration monarchique, ne fausserait pas dans l'application la constitution républicaine de l'an III. Elle décida donc, par un décret, que les deux tiers de ses membres seraient réélus, et que l'autre tiers seul serait abandonné au libre suffrage des électeurs. Par un deuxième décret, accepté comme le premier par les assemblées primaires, elle établissait le mode d'élection. Ces précautions furent regardées par les meneurs du parti réactionnaire comme une continuation de la dictature que la Convention avait exercée depuis trois ans, et ils donnèrent le signal de l'insurrection. D'abord, l'impéritie du général Menou leur procure une facile victoire. La Convention nomme Barras chef des forces de la France, et le futur directeur délègue prudemment ses pouvoirs à Napoléon, avec le titre de général de l'intérieur. Le 13 vendémiaire, après avoir acculé les insurgés sur les marches de l'église Saint-Roch, le nouveau général rétablit l'ordre dans Paris, aux applaudissements de tous les amis de la révolution.

Mais la France n'était pas menacée seulement par les factions; les étrangers, sans cesse refoulés, cherchaient à pénétrer dans le cœur du pays en brisant le cercle de nos frontières. Le danger venait alors du côté de l'Italie. L'armée autrichienne, renforcée des troupes sardes, avait comme immobilisé au flanc des Alpes nos soldats dirigés par Schérer. Carnot, un des cinq directeurs, avait conçu un plan d'invasion dans le Piémont et la Lombardie. On l'a dit : Un peuple en état de révolution est plutôt près de conquérir les autres que d'être conquis. Ce n'était pourtant pas avec des chefs tels que Schérer et Kellermann que ces brillantes destinées pouvaient se réaliser : il fallait le génie d'Annibal, secondé par l'enthousiasme d'une armée jeune qui aurait tout à gagner, la gloire, la reconnaissance de la patrie, des vivres, des vêtements et des honneurs. Ce génie existait, et était déjà connu suffisamment pour inspirer de la confiance à tous. Quant à l'armée d'Italie, elle ne se retrouvera pas de longtemps; elle était composée d'hommes du peuple, endurcis aux privations et aux fatigues, qui attendaient tout de l'avenir, et pour lesquels le présent n'était qu'une impasse humiliante. Napoléon partit le 21 mars 1796; il arriva rapidement à Nice, où l'armée se trouvait comme emprisonnée, et il transporta son quartier-général à Albenga. Avant de changer la face et le théâtre de la guerre, il ressaisit, dans une inspiration sublime, l'éloquence militaire perdue depuis les Romains, il

tient à ses soldats un langage digne d'Annibal et de César. Le style, c'est l'homme.
Napoléon est bref, éclatant, substantiel dans ses expressions; il sera résolu,
foudroyant dans l'action. Pas de tâtonnements, nulle faiblesse dans les évolutions. Le plan de campagne est nettement conçu, il ne reste plus qu'à exécuter.
Qui pourrait arrêter Napoléon? Essayez donc d'amortir le vent de la tempête!
opposez-vous au flot grondant de la mer! Il est vrai que les Alpes et les Apen-
nins se dressent pour intercepter la marche de l'armée. Napoléon, pour éluder
les glaciers, débouchera par Savone, par une gorge où les deux chaînes de
montagnes expirent. Les troupes ennemies s'élèvent à quatre-vingt-dix mille
hommes, bien équipés et ne manquant de rien; mais, à la guerre, le nombre
n'est pas tout, les gros bataillons ne l'emportent pas toujours; et puis le soldat
est une de ces machines dont la puissance varie selon les temps, les lieux, les
mœurs et les idées. Or, l'armée française est poussée, par toutes les passions et
tous les besoins, à braver les périls extrêmes; il faut qu'elle triomphe ou
qu'elle meure sur le champ de bataille, si elle ne veut pas se consumer d'inani-
tion. En avant donc, braves Français! en avant! le dieu des batailles est avec
vous; chacun de vos pas est un profond sillon où germeront les principes qui
vous animent. En avant! car vous êtes les missionnaires armés de l'égalité,
de la liberté et de la fraternité. En avant! vous allez, non apporter la discorde,
mais sceller la sainte-alliance des peuples. En avant! votre drapeau n'est pas
un signe de destruction, mais un signe de régénération sociale. En avant! car
vous êtes le peuple de Dieu conduit par un nouveau Moïse, à travers les
royaumes des Pharaons, dans la terre de Chanaan.

Le 11 avril, Napoléon se trouva en face de l'ennemi à Montenotte. Son intelligence, si calme et si lumineuse, s'exalte, et il prodigue des miracles de
courage et de génie. Il attaque le centre de l'armée austro-sarde, il l'enfonce,
et les ailes, tenues en échec, peuvent à peine se rallier. A Millesimo, il sépare
définitivement les Piémontais des impériaux; ceux-ci se hâtent d'aller couvrir
Milan, pendant que le général Colli coupe à Napoléon la route de Turin. Dans
les combats de Dego et de Mondovi, le sort du Piémont est décidé. Le roi de
Sardaigne est trop heureux de conclure, aux conditions les plus onéreuses, un
armistice à Chérosque. Napoléon, après avoir assuré ses derrières, s'avance à
la poursuite de l'armée autrichienne, commandée par Beaulieu. Il la rencontre
au pont de Lodi, et une victoire à jamais célèbre le rend maître de la Lombardie. Jusqu'à présent, deux hommes ont particulièrement brillé dans Napoléon, l'orateur et le capitaine : son entrée à Milan révèle en lui l'homme d'état
et l'administrateur. Il a soin de se concilier les artistes et les savants par des
louanges délicates, par des encouragements honorables. Il rassure les populations par la sévère discipline qu'il entretient dans son armée, par le respect de
tous les droits, et par la résurrection de la liberté italienne, dont le souvenir
même s'était éteint dans les âmes. Chaque jour alors éclaire une merveille,

chaque heure est une date. Les villages les plus obscurs s'illuminent de gloire ; le grain de sable, la borne oubliée du chemin, deviennent des reliques précieuses. Les noms les plus étranges resplendissent à côté des noms les plus harmonieux. Cette terre des Scipions et des Césars éveille ses échos les plus retentissants, et s'étonne d'avoir encore quelque chose d'assez grand à répéter pour faire tressaillir dans son sein la poussière des anciens héros.

Napoléon court investir Mantoue, place défendue par des marécages. C'est le seul point des possessions autrichiennes qui lui résiste. Aussitôt Wurmser, vieux général expérimenté, descend avec une armée toute fraîche qui vient comme une avalanche se fondre au soleil du génie militaire de Napoléon. Les principaux cours d'eau qui tombent des Alpes, l'Adige, le Mincio, l'Adda, servent de lignes de défense à l'armée française ; et dans cinq batailles livrées pendant cinq jours consécutifs, à Dezenzano, à Salo, à Lonato et à Castiglione, les troupes de Wurmser sont détruites, et le vieux général est réduit lui-même à se jeter dans Mantoue. L'Autriche fait un nouvel effort, elle confie soixante mille hommes au maréchal Alvinzi, capitaine habile, et plein de confiance en lui-même.

Dans une seule bataille, la plus terrible, la plus glorieuse de toutes, les espérances du cabinet de Vienne sont encore une fois anéanties. La victoire d'Arcole, résultat d'une lutte acharnée de trois jours dans des marais infects, ne peut être remportée qu'à l'aide d'un redoublement extraordinaire de courage et de génie de la part de l'armée et du général. Déjà les soldats ont multiplié les preuves d'héroïsme pour enlever le pont d'Arcole ; mais la mitraille qui le balaye en permanence fait rouler dans leur sang tous les audacieux qui tentent de le franchir. Les cadavres s'amoncèlent, et la tempête meurtrière augmente sa fureur de minute en minute. Napoléon pousse à grands cris ses soldats sous le canon ; ils hésitent ; alors, saisissant d'une main énergique le drapeau de l'armée, l'œil assuré, le visage tout inondé d'une sainte confiance, il se précipite sur le pont ; les balles le respectent, et par ce coup d'éclat il détermine la victoire jusqu'alors incertaine, ainsi que la reddition de Mantoue réduite aux abois, et n'ayant plus l'espoir d'être secourue à temps.

Huit mois avaient à peine suffi pour enfanter tous ces étonnants résultats. Le génie de Napoléon était sans cesse en haleine ; une force invincible le soutenait, et il croissait en audace et en fécondité à mesure que le nombre et l'ardeur des troupes diminuaient. Il agissait comme le sang circule, avec promptitude et sans s'arrêter. Quand une victoire était gagnée, il ne songeait pas à se faire une couche voluptueuse des drapeaux enlevés à l'ennemi. Il s'occupait à réparer les brèches et à combiner les moyens d'obtenir une nouvelle victoire. Deux images seules se disputaient son cœur, celle de la France et celle de sa Joséphine, à qui il écrivait les lettres les plus tendres. Quel beau moment dans cette grande existence ! Le front tout rayonnant de gloire, le sein palpitant d'amour, le feu de la jeunesse échauffant ses veines, la tête pleine de projets patriotiques et ambitieux, Napoléon ne devait-il pas être alors le plus heureux des hommes? Sans doute il éprouvait de ces jouissances qui absorbent toute l'âme, et qui exigent qu'un cœur ami vienne en recevoir le trop-plein; mais la gloire le laissait triste et mélancolique. Ce qui l'enivrait, ce n'étaient ni les acclamations de ses soldats, ni les applaudissements que la France entière lui envoyait au delà des Alpes; tu avais, ô toi, beau pays! tu avais une rivale dans Joséphine, comme plus tard tu trouveras la moitié de cette grande âme occupée par le roi de Rome. Dieux par le génie, les conquérants ne peuvent pas trouver à satisfaire leur ambition dans les bornes du monde; par le cœur ils vivent et se contentent d'un sentiment, comme nous, leurs instruments dociles.

Il ne reste plus à l'Autriche qu'une ressource, l'épée de l'archiduc Charles. Au printemps de l'année 1797, le prince débouche par les Alpes Juliennes sur les bords de la Piave; Napoléon l'atteint, et il le broie à la bataille du Tagliamento, qui lui ouvre l'Allemagne. Il s'avance jusqu'à Clagenfurt, capitale de la Carinthie, et ne s'arrête que parce que les armées du Rhin et de Sambre-et-Meuse n'ont pas combiné leurs mouvements avec les siens. Il est donc forcé de laisser échapper l'occasion d'aller droit à Vienne, de peur de se trouver isolé dans un pays difficile. Il conclut un armistice à Judenburg, et profite du loisir qu'on lui accorde pour supprimer d'un trait de plume l'oligarchie de Venise, coupable d'avoir provoqué le massacre des Français à Vérone et dans d'autres villes de la Haute-Italie. Il menace le pape, allié de l'Autriche, d'aller à Rome venger le lâche assassinat du représentant Basseville, et il se contente, par un traité, de se faire céder le Ferrarais, la Romagne et la légation de Bologne, avec des objets d'art du plus haut prix et plusieurs millions de notre monnaie. Napoléon déploie dans tous ces actes l'habileté du négociateur unie à la fermeté du général victorieux. Cette habileté et cette fermeté lui furent surtout nécessaires pour amener l'Autriche à une prompte conclusion. Le cabinet de Vienne, comptant toujours sur les dissensions intestines de la France, traînait le plus qu'il pouvait les négociations en longueur. Croyant avoir facilement raison d'un soldat de vingt-huit ans peu familiarisé avec les détours de la diplomatie, il lui expédia M. de Cobentzel, vieux courtisan consommé dans l'art de la tromperie. Napoléon, qui avait surtout le talent de deviner les hommes, s'aperçoit aussitôt de la fatuité et des ruses de l'ambassadeur autrichien. Dans une entrevue, après avoir vainement pressé la signature du traité, il fait voler en éclats un cabaret en porcelaine, qui avait été donné au diplomate allemand par Catherine II, et il s'écrie : « Ainsi je briserai la monarchie autrichienne. » M. de Cobentzel, effrayé, cherche à le radoucir en lui disant que son gouvernement veut bien consentir à reconnaître la République française. « La République française ! s'écrie Napoléon, elle brille comme le

soleil! Tant pis pour ceux qui ne la voient pas. » C'est ainsi qu'après avoir in-
nové dans l'art de la guerre, il effacera les traditions d'une diplomatie suran-
née, et imprimera aux transactions des peuples la franchise de la force et la
droiture de la justice. On sent que désormais les peuples sont souverains, et
qu'il ne sera plus guère permis aux rois de les ruiner par les lentes procé-
dures d'un droit des gens perfide. Enfin, le traité de Campo-Formio fut signé
le 17 octobre 1797. Ce traité, qui malheureusement valut les états vénitiens
à l'Autriche, ce qui était une faute énorme et un crime, garantit à la France
la possession de la Belgique et de la Lombardie. Le traité de Rastadt, auquel
Napoléon avait contribué en allant y présider la légation française, fut une con-
séquence immédiate des quatre campagnes d'Italie, et amena la paix avec
l'empire germanique. Aucun général n'avait encore porté si haut la gloire et
la grandeur de la France. On chercherait vainement dans l'histoire un nombre
aussi extraordinaire de merveilles réalisées en un aussi court intervalle de
temps. En moins d'un an, Napoléon, aidé des généraux Masséna, Joubert,
Serrurier, Augereau, Berthier, avait gagné quatorze batailles rangées et
soixante-dix combats ; il avait fait plus de cent mille prisonniers, et pris à l'ennemi cinq cents pièces de campagne. Par des contributions frappées sur les
pays conquis, il avait nourri et entretenu son armée, forte de trente mille
hommes, et envoyé en outre, selon ses propres expressions, trente millions au
ministère des finances pour le soulagement du trésor public. Il avait enrichi le
Musée de Paris de plus de trois cents objets d'art, chefs-d'œuvre de l'ancienne
et de la nouvelle Italie, et qu'il fallut plus de trente siècles pour produire. Il
avait arboré le drapeau tricolore sur les plus belles contrées de l'Europe, dé-
taché le pape, le roi de Sardaigne, le duc de Parme de la coalition, et définitivement présenté la France au monde entier, non comme un réceptacle d'as-
sassins, ainsi que les rois s'efforçaient de le faire croire à leurs peuples, mais
comme une pépinière de héros et le foyer de la civilisation universelle. Aussi
le retour de Napoléon fut-il un triomphe continuel, depuis qu'il eut touché le
sol de la patrie jusqu'à son départ pour l'Égypte. A son arrivée à Paris, les
Directeurs, qui cependant ne voyaient que d'un œil ombrageux les progrès de
cette influence désormais plus puissante que leur pouvoir, lui offrirent une fête
nationale au Luxembourg. On éleva dans la cour de ce palais un autel à la
Patrie, en face d'un arc pavoisé des drapeaux pris à l'ennemi, sous lequel devait passer le vainqueur d'Arcole. Napoléon fut présenté au Directoire par
M. de Talleyrand, qui déjà saluait ce soleil levant. Au discours que celui-ci
lui adressa, il répondit par une allocution brève, énergique, dans laquelle il
donna pour la première fois à la nation française le nom de *grande nation*.
Oui, alors la nation était grande ; mais le pouvoir qui la dirigeait formait, par
son incapacité et ses mesquines jalousies, un contraste ironique avec les soldats de Lodi et de Conégliano. La France était un colosse gouverné par des

pygmées. Il fallait que cette choquante disparate cessât : car les peuples per-
dent vite le chemin des grandes choses dès que ceux qui les gouvernent ne
leur ouvrent que des horizons étroits. Mais, avant de finir ce qu'il appelait le
règne des avocats, Napoléon crut devoir verser sur son front les rayons d'une
gloire plus originale encore que celle qu'il venait d'acquérir. Il avait parfaitement compris le caractère national ; il savait que des imaginations actives
demandent toujours de nouvelles surprises. Un grand homme, en France, ne
peut retenir l'admiration des masses qu'en la ravivant sans cesse. Les vues du
Directoire, fort différentes, s'accordaient parfaitement avec les siennes ; Napoléon voulait échapper en quelque sorte à la familiarité de la foule en se réfu-
giant dans un lointain poétique. Le Directoire, sous prétexte d'attaquer notre
implacable ennemie, l'Angleterre, dans ses possessions de l'Inde, ne voyait
dans l'expédition d'Égypte qu'un moyen de reculer l'ouverture de sa succession,
que les événements rendaient tous les jours plus imminente. C'est le **19** mai
1798 que Napoléon leva l'ancre, à Toulon, avec une flotte de quatre cents voiles
et la meilleure partie des troupes d'Italie. Murat, Berthier, Junot, Marmont,
Desaix, Kléber, le suivent pleins d'ardeur. Une phalange de savants s'embarque
pour assurer les conquêtes durables de la science, à la suite des conquêtes trop
souvent passagères de la guerre. Au moins, si notre domination ne peut pas
s'enraciner en Égypte, Monge, Berthollet, Fourrier, Thouin, Geoffroy-Saint-
Hilaire, Denon, auront interrogé la nature et les hiéroglyphes, et la lumière
aura jailli à travers le voile à demi déchiré de la déesse Isis. En passant à
Malte, le **10** juin, Napoléon n'a qu'à étendre la main pour s'en emparer. La
chevalerie n'était plus, comme la république de Venise, qu'une momie simu-
lant de loin la vie aux yeux abusés de l'Europe ; il ne s'agissait que de la voir
d'assez près pour lui dresser son extrait mortuaire. Bonaparte servit de gref-
fier pour enregistrer officiellement la fin des successeurs de Lavalette, comme
des successeurs de Dandolo. Le 1ᵉʳ juillet, il entra triomphant dans Alexandrie.
Le 21 juillet, il s'écrie : « *Souvenez-vous que du haut des Pyramides quarante
siècles vous contemplent !* et ces paroles sublimes ajoutent à tant de victoires le
nom des *Pyramides.* Maître de l'Égypte, il déploie, comme en Italie, les talents
de l'administrateur et de l'homme d'état ; mais les Orientaux ne comprennent
pas, comme les esprits positifs de l'Occident, le bienfait des améliorations ma-
térielles. A ces populations, courbées sous la loi du fatalisme et attendant tout
du ciel, il faut des chefs inexorables comme le destin, impérieux comme un
fondateur de religion, extraordinaires comme le merveilleux même. Napoléon
parle la langue du Coran, et ses expressions, puisées dans une nature grandiose,
étonnent et remuent. Il est poëte comme Mahomet, et son style, exubérant
d'images, renferme le sens le plus profond, comme certaines cassettes en bois
précieux incrusté de pierreries contiennent les trésors d'un sultan. Mais un désastre affreux vient obscurcir l'éclat de tant de prospérités. L'imprudent Brueys,

contrairement aux ordres formels de Napoléon, range son escadre dans la rade d'Aboukir; l'amiral Nelson vient l'attaquer le 1er août, et prend onze de nos vaisseaux, sur treize, après une bataille non moins meurtrière pour les vainqueurs que pour les vaincus. Le vaisseau amiral *l'Orient* saute en l'air. Privé de communications avec l'Europe, Napoléon n'en poursuit pas moins le cours de ses succès : il vole en Syrie, où il sait que la Porte assemble une armée, traverse le désert, emporte le fort El-Arisk, la clef de la Syrie; Gaza, après sept jours de siége; Jaffa, où se place la scène des pestiférés, représentée sur le tableau de Gros; se présente à Saint-Jean-d'Acre, défendue par sir Sidney-Smith; laisse languir un instant le siége de cette place, qu'il est obligé de faire sans grosse artillerie, pour gagner, avec cinq mille hommes, la bataille du Mont-Thabor, contre vingt-cinq mille hommes d'infanterie et une nombreuse cavalerie. Enfin, il lève un siége devenu impossible faute de matériel, et, refusant de visiter Jérusalem, comme déjà il avait renoncé à la satisfaction d'entrer dans Rome, il revient en Égypte, et, le 25 juillet 1799, il livre cette bataille d'Aboukir, où il extermine presque entièrement une armée trois fois supérieure en nombre à la sienne, ce qui fit dire à Kléber, en prenant Napoléon au milieu du corps : « Général, vous êtes grand comme le monde! » Depuis, Bonaparte a exprimé le regret que la présence à Saint-Jean-d'Acre de Sidney-Smith l'eût forcé à rebrousser chemin. L'Orient l'attirait, mais des courses dans le désert n'eussent eu qu'une grandeur fantastique, si on les compare surtout aux victoires de l'Empire, victoires dont nous ne pourrons pas même dire tous les noms, tant l'épopée accomplie par Napoléon est chargée de miracles. Quelle imagination avait donc cet homme extraordinaire, pour que de pareilles réalités ne lui parussent que le commencement ébauché d'un de ses rêves?

Mais bientôt ces poétiques desseins s'évanouissent. Des nouvelles arrivées de Paris avertissent Napoléon que le moment de se placer à la tête des destinées de la France est venu. Il confie l'armée à Kléber, s'embarque furtivement à Damiette, et mouille à Fréjus le 15 vendémiaire an VIII. Le 24, il est au sein de la capitale, entouré d'une foule de courtisans et d'amis qui le saluent comme le chef de l'État. La partie modérée de la nation, et c'était l'immense majorité, fatiguée de l'instabilité du gouvernement et des agitations trop souvent stériles des assemblées législatives, appelle de tous ses vœux une main ferme qui ne laisse plus flotter les rênes du pouvoir au vent des partis, et raffermisse le sol encore incandescent d'une société qui n'éprouve plus l'enthousiasme de la liberté et en subit encore les orages. Les ressorts de l'autorité, beaucoup trop tendus par le Comité de salut public, s'étaient relâchés sous le Directoire, au point que le brigandage et les crimes privés ne trouvaient plus même une suffisante répression. La nation était lasse de l'incertitude qui régnait partout; elle n'avait plus une foi implicite au symbole sacré de 89 ; le repos lui souriait comme à un vieillard. Le scandale des fortunes hâtives qui avaient poussé au sein de la corruption des principales ramifications du pouvoir, les tripotages des fournitures, les infâmes combinaisons de l'agiotage, la boue de la Régence flottant à la surface de la société avec les passions hideuses exhumées de l'égout de la rue Quincampoix, la philosophie du dix-huitième siècle dégénérée en un épicuréisme qui essayait de couvrir sa gangrène des roses oubliées par une aristocratie aveugle sur le bord d'une révolution, des courtisanes travesties en Romaines, une jeunesse dorée qui se dépouillait de toutes les marques de la virilité et qui s'apprêtait à s'éteindre avec insouciance loin des camps et du forum : c'étaient là des symptômes de décomposition que l'œil attentif de Sieyes avait parfaitement démêlés, et qui lui montraient le moment propice pour réaliser ses utopies trop longtemps ajournées. Malgré le peu d'attrait que Napoléon et lui avaient l'un pour l'autre, ils s'unirent dans un sentiment commun des nécessités du temps. Sieyes avait besoin d'une épée pour consommer un coup d'état à l'aide de l'armée ; Napoléon ne pouvait pas se passer de l'influence que son complice exerçait sur les Conseils de la nation, particulièrement sur le Conseil des Anciens. Une fois la constitution de l'an III abolie, Sieyes pensait qu'il neutraliserait Napoléon avec les barrières métaphysiques de la constitution qu'il avait dans son portefeuille. Avec plus de fondement, le héros de l'Égypte ne doutait nullement qu'il ne reléguât facilement Sieyes dans ses rêveries politiques. Grâce à ses illusions, Sieyes prêta le concours le plus décisif à la nouvelle révolution. Il apprit même à monter à cheval, afin de pouvoir payer de sa personne au besoin.

Le 18 brumaire fut le jour fixé pour l'exécution du coup d'état. Ce jour-là, plusieurs conjurés annoncent au Conseil des Anciens une *terreur* devant prochainement éclater, et demandent que Bonaparte, nommé commandant de la 17e division militaire, soit chargé de transférer sous bonne escorte le Corps-Législatif à Saint-Cloud, afin de le dérober à tous les attentats qui menacent les deux Conseils. Ces propositions sont approuvées. Maître de l'armée, Napoléon n'aura pas même à lutter contre le Directoire, qui s'empresse de donner sa démission. Il ne reste à combattre que les Conseils ; mais là se concentre la résistance des champions ardents de la république. Le 19 brumaire, les Anciens vont occuper à Saint-Cloud la galerie de Mars, pendant que les Cinq-Cents se réunissent dans la galerie de l'Orangerie. Assez mal accueilli par le premier des deux Conseils, Bonaparte se rend au sein du Conseil des Cinq-Cents. Dès qu'il paraît, les cris : *A bas le dictateur !* retentissent de toutes parts. Vainement il essaie de dominer ces terribles vociférations ; une pâleur mortelle se répand sur ses traits ; ses lèvres se glacent ; il ne peut plus ni parler, ni avancer. Son frère Lucien, président de l'assemblée, veut se faire entendre à son tour. Les bruits les plus menaçants couvrent sa voix. A peine si quelques mots de justification en faveur de Napoléon parviennent aux oreilles de quelques membres de l'assemblée. Découragé par tant d'efforts inutiles, il dépose les insignes de la présidence, et se retire au milieu des grenadiers de son frère.

L'assemblée, en proie à la plus vive agitation, ne sait à quel parti s'arrêter. Quelques membres proposent d'aller à Paris se placer sous la sauvegarde du peuple ; mais toute délibération est bientôt interrompue. Le général Leclerc pénètre, à la tête de ses soldats, dans l'Orangerie : *Au nom du général Bonaparte, s'écrie-t-il, le Corps-Législatif est dissous ; que les bons citoyens se retirent. Grenadiers, en avant !* Le roulement du tambour étouffe tous les cris d'indignation qu'arrache cet attentat à l'inviolabilité de la représentation nationale. Les grenadiers s'avancent en ordre en présentant la pointe de leurs baïonnettes, et les membres des Cinq-Cents se séparent en criant : Vive la république ! Napoléon ne rentra dans sa maison de la rue de la Victoire qu'à onze heures du soir. Il n'avait encore pris aucune nourriture de la journée. Des émotions telles qu'il n'en avait éprouvé ni sur le pont d'Arcole, ni à Lonato, lorsqu'il fut, avec douze cents hommes, circonvenu par un corps autrichien de trois mille soldats, semblaient avoir dû épuiser ses forces. Il les retrouva toutes pour écrire une proclamation dans laquelle il justifiait la révolution violente qu'il venait d'accomplir. Dans ce document officiel, il accréditait, par son témoignage, la fable des poignards dont les membres des Cinq-Cents auraient été prêts à le frapper. Ce bruit n'était qu'un de ces mensonges dont l'utilité n'est pas contestable dans les moments de crise, mais qu'une morale sévère ne saurait évidemment approuver. La force seule ne suffit pas à changer la constitution d'un grand peuple : il faut appeler à son aide la ruse. Et qui oserait se vanter d'avoir la main assez ferme et assez adroite pour mener à fin un coup d'état ? L'entreprise est par elle-même entourée de tant de difficultés, qu'on s'étonne qu'elle puisse réussir ; et lorsqu'elle est couronnée d'un plein succès, elle peut profiter aux nations, mais elle est un arrêt de condamnation pour ceux qui l'ont consommée. Aujourd'hui, ne voit-on pas les partisans des ordonnances de juillet avoir l'impudence de reprocher à Napoléon d'avoir confisqué les libertés publiques ? Et ceux qui admirent avec raison l'énergie sublime que déploya la Convention pour repousser les coalitions des suppôts de l'absolutisme, n'oublient-ils pas trop souvent que Napoléon n'a été qu'un dictateur élu par les événements et accepté par la nation ? Sachons, disait Tacite, jouir des avantages de notre siècle sans calomnier les époques antérieures. Napoléon eut à construire une société avec les éléments innombrables que lui avait légués la révolution ; parmi ces éléments, il en est un dont l'emploi, depuis la mise en activité de la constitution de l'an III, avait placé en présence toutes les passions, toutes les rancunes ; je veux parler de la liberté. Il crut qu'elle serait plutôt un dissolvant qu'un ciment énergique pour l'édifice qu'il se proposait d'élever. Aux jours du malheur, il put s'apercevoir de sa fatale erreur ; mais cette erreur, il la partagea sincèrement avec presque tous ses contemporains. Quand il voulut évoquer la liberté, du tombeau qu'il lui avait creusé, elle ne lui apporta qu'un glaive pour le blesser à mort, et malheureusement, du même coup, pour frapper au cœur l'indépendance nationale dont il était le bouclier.

Le 18 brumaire fut la démission des masses. Désormais le peuple n'allait plus paraître sur la scène que comme un énergique instrument. Napoléon devient la tête et le cœur de la nation. S'il triomphe, la France entière se couvre de gloire ; s'il succombe, il entraîne le pays dans sa ruine. Sieyes dit : « C'est un homme qui veut tout faire, qui sait tout faire, qui peut tout faire. » Napoléon est tout en effet, législateur, général, administrateur, écrivain, homme d'état, diplomate, organisateur. Il n'a pas de peine à écarter la constitution géométrique de son complice. Dans celle qu'il préfère, et qui porte le nom de Constitution de l'an VIII, le gouvernement fut remis entre les mains d'un premier consul et de deux consuls ayant voix consultative. A ce gouvernement fut accordée exclusivement l'initiative des lois ; un Tribunat avait le privilége de les discuter ; un Corps-Législatif la faculté de les admettre ou de les rejeter ; un Sénat était préposé au soin de veiller à leur conservation. L'action de la souveraineté se concentrait ; le pouvoir exécutif, tenu en suspicion par les assemblées depuis 89, ne se contentait pas de recouvrer la force et le prestige que le Directoire surtout lui avait fait perdre, il usurpait la meilleure partie des attributions d'un corps délibérant, celle qui permet de proposer ou de débattre les lois. Or, les consuls avaient ravi la parole au Corps-Législatif, véritable muet du sérail, qui devait mystérieusement, comme les Noirs de Constantinople, hériter de tous les insignes et de tous les hochets des favoris disgraciés ; et quant au Tribunat, renfermé dans les limites tracées par le gouvernement, il ne pouvait que résister sans rien organiser. Le Sénat se devait croire un jour quitte envers la patrie, en insultant celui qui avait soutenu sa caducité par un souffle de vie, et en sauvant ses pensions et ses cordons du naufrage de l'Empire.

Nommé consul pour dix ans avec Cambacérès, conventionnel voluptueux, qui conservait un esprit fin sous les fumées d'une digestion laborieuse, et Lebrun, ancien secrétaire du chancelier Maupeou, regardé par les hommes politiques comme un grand écrivain, Napoléon s'empresse d'offrir la paix à l'Angleterre. Ses propositions sont rejetées. Il donne à Moreau le commandement de l'armée du Nord, et lui-même passe le mont Saint-Bernard à la tête d'une armée de quarante mille hommes. Il descend rapidement à Milan, et, le 14 juin 1800, livre à Mélas, général des Autrichiens, cette bataille du nom si populaire de Marengo, qui nous coûta Desaix, arrivé subitement d'Égypte pour décider la victoire, et qui nous rendit maîtres absolus de l'Italie entière. Le même jour, Kléber, après s'être immortalisé à Hiéropolis, tombait au Caire sous le poi-

gnard d'un lâche assassin, et sa mort déterminait l'évacuation, par notre armée, de la terre des Pharaons. Ainsi, en Orient, tant de prodigieux faits
d'armes ne devaient laisser que la trame d'une épopée que l'imagination des
Arabes se chargerait de broder des caprices les plus poétiques. En Occident,
les victoires enfantent des résultats plus solides. La paix de Lunéville, signée le
8 janvier 1801, avec l'Allemagne, et la paix d'Amiens, conclue avec l'Angleterre le 25 mars 1802, garantissent à la France la limite du Rhin et l'indépendance des républiques helvétique, batave, ligurienne et cisalpine. L'Europe
respire. Le ciel devient serein. Les communications générales se rouvrent sur
tous les points. Le continent ne retentit plus du fracas des armes. Des voyageurs,
des négociants le traversent en toute sécurité. C'est une éclaircie entre deux
immenses orages. Fox vient causer à Paris avec Napoléon. Le premier Consul
fait rentrer son épée dans le fourreau, et ne s'occupe qu'à réorganiser la France.
Certes alors, au milieu des bénédictions universelles, vous eussiez eu bien de
la peine à distinguer la voix de Benjamin Constant, de Chénier et de Daunou,
protestant au Tribunat contre l'oppression des libertés publiques; vous n'auriez
pas moins difficilement entendu les accents du voltairianisme, jetant une im-
perceptible dissonnance dans le chœur des populations qui s'enivraient, sous les
voûtes longtemps muettes des églises, de l'encens des sacrifices et de la mu-
sique des Palestrina et des Pergolèse. Qui pouvait tolérer la prose de Morellet
et de Ginguené, à côté des magnificences du style de Chateaubriand? Le catho-
licisme, comme la verge d'Aaron, refleurissait spontanément dans les âmes la-
bourées par tant de commotions. La doctrine du désespoir avait fait son temps.
Les peuples, dans l'ébranlement de toutes choses, jetaient de nouveau leur
ancre de salut au ciel. Un pouvoir réparateur faisait croire à la Providence.
Dieu, un instant banni du cœur des nations, y rentrait plus radieux, comme ces
nobles proscrits d'Athènes que la multitude rappelait en bordant leur route
triomphale d'une haie de statues. Les propriétés, confondues ainsi que celles
d'Égypte par une inondation, reprenaient leurs limites ou s'enfermaient dans
des bornes plus équitables. La terre versait ses trésors à l'industrie avide de les
transformer, et au commerce empressé à les répandre par des canaux plus di-
rects. Tout renaissait, l'espérance et la foi; le présent présageait un avenir de
paix et de bonheur. Je me trompe; un point noir, visible à peine pour quelques
yeux, menaçait de couvrir plus tard tout l'horizon.

C'est sous de pareils auspices que furent ébauchés les plans du Code civil, du
Code de commerce et du Code pénal. Napoléon prenait aux discussions législatives la part la plus directe. Il commençait d'abord par prêter l'attention la
plus religieuse aux développements des divers orateurs. Souvent la question,
remuée dans un grand nombre de sens, n'avait pas encore été présentée sous sa
véritable face. Alors, avec cette justesse de coup d'œil qui, sur le champ de
bataille, lui indiquait le nœud de la difficulté, dans quelques paroles brèves,

incisives, il faisait jaillir les vérités les plus fécondes d'un débat jusque là sté-
rile. Quelquefois deux opinions contraires tenaient en suspens toutes les con-
victions. Napoléon, déposant alors ce ton d'autorité et ces formes sentencieuses
qui lui étaient habituels, se chargeait de l'office de rapporteur avec une rare
impartialité et une énergie d'expression qui plaçait chaque argument dans une
pleine lumière. Si les opinions dissidentes n'étaient que des aspects incomplets
de la question, il les conciliait dans une opinion plus vaste qui les absorbait naturellement ; si elles étaient, l'une l'affirmation vraie, et l'autre la négation er-
ronée, il s'emparait de celle que la raison justifiait, et il la mettait hors de toute
contestation par de nouvelles preuves à l'appui. Il lui est arrivé de trouver la
formule légale d'un principe difficile à exprimer. Thibaudeau, juge fort com-
pétent en pareille matière, professe la plus vive admiration pour Napoléon dis-
cutant au Conseil-d'État. Cet homme extraordinaire eût été, comme César, un
orateur du premier ordre, s'il avait été appelé à débattre les grandes questions
d'organisation sociale qui échurent à l'Assemblée constituante. Il ne lui a man-
qué qu'un théâtre pour renouveler les prodiges de l'éloquence de Mirabeau.
Il avait une merveilleuse facilité de parole, une imagination qui savait donner
de la vie aux abstractions les plus arides, une logique foudroyante qu'une con-
naissance profonde des hommes aurait assouplie aux nécessités des temps. Le
coup d'œil rapide, l'audace, qui les a portés plus loin que lui? Une constitution de fer lui eût fait supporter sans effort les fatigues de la tribune. Il n'est
pas jusqu'à l'appareil physique de l'orateur qu'il ne possédât au plus haut de-
gré. Personne n'a eu une poitrine plus forte, un regard plus dominateur, ni un
geste plus dramatique que l'Empereur. Sa figure seule eût suffi pour fasciner
une assemblée. Mais il devait laisser cette gloire de la parole à Mirabeau. Il
était de sa destinée d'agir pour réaliser. Ses conceptions, fruit de soudaines il-
luminations, devaient être gravées en lois sur des tables d'airain, par l'épée
qui tranche les nœuds gordiens.

Napoléon, le 15 juillet 1801, signe, avec le pape Pie VII, un concordat qui
rétablit en France la religion catholique. Cet acte est soumis à l'acceptation des
assemblées, qui l'adoptent sans opposition. C'est dans la cathédrale de Paris
qu'on célèbre avec une grande solennité l'inauguration du culte national. La
réouverture des temples répand une allégresse universelle.

Le 15 mai 1802, le premier Consul crée l'ordre de la Légion-d'Honneur. Cette
institution, attaquée d'abord comme une pierre d'attente pour la restauration
des antiques priviléges, devait s'offrir au soldat comme la plus noble récom-
pense de ses services. Une république sévère ne pourrait pas plus se passer de
distinctions honorifiques qu'une monarchie. Si les citoyens doivent tous être
égaux devant la loi, tous n'ont pas les mêmes titres à l'estime publique et à la
reconnaissance de la patrie. La supériorité de la vertu et du génie n'est pas de
celles qu'on puisse impunément niveler. Dès que les grands hommes sont re-

gardés comme des suspects, on peut être sûr que l'État est abandonné aux passions mauvaises.

Nommé consul à vie le 2 août 1802, Napoléon se substitue rapidement à la souveraineté populaire, et lorsque le 12 floréal an XII le Tribunat, le Corps-Législatif et le Sénat le proclamèrent empereur à Saint-Cloud, son pouvoir n'avait plus à s'accroître. Comme Auguste, à l'ombre des formes républicaines, il avait usurpé la puissance absolue. Il était souverain sans contrôle réel ; il ne lui restait plus qu'à jeter sur ses épaules les insignes des Césars, dont il possédait déjà l'omnipotence.

C'est le 2 décembre 1804 que, revêtu du manteau impérial, la couronne sur la tête et le sceptre à la main, Napoléon fut oint trois fois par le pape Pie VII, dans l'église de Notre-Dame. Après qu'il eut prêté serment, sur l'Évangile, à la nouvelle constitution, le chef des hérauts d'armes cria d'une voix forte : « *Le très-glorieux et très-auguste Empereur des Français est couronné et intronisé.* Ce cri fut répété par l'immense écho de la multitude. Désormais, la France c'est Napoléon ; ainsi le veulent les événements et plus de trois millions de votes.

L'Italie, républicaine à l'image de la France, deviendra une monarchie comme la France. Napoléon, le 26 mai 1805, alla prendre, à Milan, la couronne de fer de la Lombardie, en nommant le fils de sa femme, Eugène Beauharnais, vice-roi d'Italie, et en donnant à sa sœur Élisa la petite principauté de Lucques. Le système dynastique commence à se développer avec les conquêtes de l'Empereur ; successivement il placera ses frères sur les trônes d'Espagne, de Hollande, de Westphalie et de Naples. L'Europe sera le domaine d'une famille ; le sceptre de Napoléon s'étendra de Cadix au Kremlin, d'Amsterdam à Otrante ; son nom sera inscrit sur toutes les pierres, volera sur l'aile de tous les vents ; à lui se rallieront tous les mouvements, à lui s'adresseront tous les hommages ; il sera le commencement et la fin de tout ; il pourra dire : Je suis celui qui suis.

Une troisième coalition le force bientôt à courir en Allemagne. Pendant que Masséna bat le prince Charles dans la Haute-Italie, il vole de succès en succès jusqu'aux plaines d'Austerlitz, où, le 2 décembre 1805, en quelques heures il taille en pièces les armées réunies de l'Autriche et de la Russie. Cette victoire, celle qui a laissé le plus de retentissement dans l'imagination populaire, coûte aux alliés plus de soixante mille hommes, dont trente-cinq mille furent tués ou noyés dans les lacs, et vingt-cinq mille faits prisonniers. Vainqueur généreux, Napoléon permit aux Russes de battre en retraite. Cette bataille porte le nom de bataille des trois empereurs, à cause de la présence simultanée d'Alexandre de Russie, de François d'Autriche et de Napoléon. Cette campagne, qui ne dura que deux mois, amena la création des royaumes de Wurtemberg et de Bavière, et la reconnaissance par l'Autriche de Napoléon comme roi d'Italie. Ces résultats furent sanctionnés par le traité de Presbourg. La France, dans un élan d'enthousiasme, décerna à son Empereur le titre de Grand, que la postérité ratifiera. Le Sénat lui décréta un monument triomphal.

Consolidé sur son trône, l'Empereur rétablit le calendrier grégorien, donne le royaume des Deux-Siciles à son frère Joseph le 30 mars 1806, met la couronne de Hollande sur la tête de son frère Louis le 5 juin de la même année, accorde le duché de Guastalla au prince Borghèse, mari de sa sœur Pauline, fait Murat grand-duc de Berg, Berthier prince de Neufchâtel, et tous ses maréchaux et ses ministres, ducs, marquis, comtes, feudataires de l'Empire. Une aristocratie nouvelle pousse aux alentours du trône, confondue avec l'ancienne, et constitue une flagrante contradiction avec le principe de l'égalité inscrit dans le Code civil. Le 12 juillet 1806, Napoléon réunit quatorze princes de l'Allemagne sous sa protection, et se proclame le chef de la Confédération Germanique. François II renonce à son titre d'empereur électif d'Allemagne, et se borne au titre d'empereur d'Autriche.

Ces changements dans l'économie politique de l'Europe engendrent une quatrième coalition entre la Prusse et la Russie. Napoléon se met aussitôt en marche; le 14 octobre 1806 il remporte la victoire d'Iéna, qui coûte à la Prusse vingt mille hommes tués ou blessés et trente mille prisonniers, refuse l'armistice qu'on lui demande, entre le 25 du même mois dans Berlin, et, par la prise de Magdebourg, se trouve maître du royaume de Frédéric II, dont il envoie à Paris l'épée, avec les drapeaux que portait la garde prussienne pendant la guerre de Sept Ans. La campagne de Prusse finie, il se jette sur le territoire de la Pologne, à la rencontre des Russes. Le 7 février 1807 a lieu la bataille si disputée et si meurtrière d'Eylau. Napoléon perd presque autant de troupes que les ennemis, mais il occupe le champ de bataille. Les combats de Pulstuk et de Golmyn sont le commencement, pour les Russes, d'une suite ininterrompue de défaites, qui continue par la prise de Dantzick et se termine par la bataille si décisive de Friedland, livrée le 14 juin. Le 7 juillet 1807, il conclut le traité de Tilsitt, d'où sortirent le royaume de Westphalie, composé d'une partie des dépouilles de la Prusse, et le royaume de Saxe, formé de l'électorat de ce nom et de la Pologne prussienne. Par le traité de Presbourg il avait abaissé l'Autriche; la Prusse signa sa propre mutilation à Tilsitt. Ainsi, les deux puissances continentales qui pouvaient faire le plus d'ombrage à Napoléon étaient vaincues et humiliées. Quant à la Russie, elle ne fut pas entamée dans ses possessions, mais elle souscrivit à toutes les conditions de Napoléon. Ce fut là l'apogée des prospérités de l'Empereur. Pitt venait de mourir : l'Angleterre, privée de son génie, se trouvait abandonnée des coalisés qu'elle avait eus jusqu'alors à sa solde; avec les événements sa politique pouvait changer. A la vue du colosse impérial elle pouvait sentir croître sa jalousie; mais il était permis de croire qu'elle subirait les faits consommés. C'était une illusion : les aristocraties se transmettent les haines avec le sang;

l'hérédité est la loi des castes. Pitt eut des successeurs, et l'Angleterre continua sa lutte acharnée.

Elle déclara la France en état de blocus. La victoire de Trafalgar avait anéanti notre marine. Nous étions hors d'état de contester la souveraineté des mers à notre rivale. Ne pouvant pas l'attaquer sur son élément, Napoléon, par des représailles légitimes, établit le *blocus continental*, qui fermait les ports de l'Océan et des mers du Nord aux vaisseaux britanniques. La Prusse, le Danemark, la France, l'Espagne, la Russie, la Hollande, cessèrent toutes relations avec les Anglais. Ce système, suivi avec persévérance, aurait entièrement abattu le commerce de nos implacables ennemis. Leur industrie, privée de débouchés, aurait été étouffée sous l'encombrement de la production. Mais une ligne de côtes qui circulait depuis Cadix jusqu'à Saint-Pétersbourg était bien difficile à garder. Il ne devait pas tarder à s'y faire des solutions de continuité.

Le Portugal, véritable colonie anglaise, s'obstinait à recevoir les marchandises de la Grande-Bretagne. Napoléon, d'accord avec l'Espagne par le traité de Fontainebleau, déclare la maison de Bragance déchue du trône, et le 30 novembre 1807 les Français occupent Lisbonne. L'invasion du Portugal amène celle de l'Espagne. Ici Napoléon n'écoute visiblement que son ambition. Lui-même, plus tard, trouvera une apologie plausible du 18 brumaire et du meurtre du duc d'Enghien ; mais sa conduite à l'égard de la Péninsule lui semblera la source de tous ses maux, et il n'en parlera qu'avec les plus amers regrets. Le siége de Saragosse deviendra l'image de sa fortune. Une fois refoulé dans les plaines de la Champagne, il disputera pied à pied le sol de la patrie ; mais il périra dévoré par ses propres victoires. A force de génie il tiendra les hordes du Nord en échec ; mais le monde soulevé se fera battre assez longtemps pour consumer les troupes de Napoléon et mettre la trahison à profit.

Le blocus continental servit de prétexte à Napoléon pour conquérir le Portugal. Des démêlés de famille lui fournissent l'occasion d'intervenir en Espagne. Charles IV, prince imbécile, gouverné par Godoi, vivait en fort mauvaise intelligence avec son fils Ferdinand. Les populations, lasses du joug d'un favori monté du plus bas étage au poste suprême, avaient pris le parti de l'héritier du trône. Choisi pour arbitre, l'Empereur fait pénétrer en Espagne des troupes qui s'emparent des principales places et s'approchent de Madrid. Tout à coup, sur le bruit du départ de Charles IV et de son ministre pour le Mexique, une insurrection éclate qui force le roi à déposer la couronne et proclame Ferdinand VII, lequel entre dans la capitale de la Péninsule le lendemain du jour où Murat y avait déjà introduit les Français. Charles rétracte bientôt à Bayonne son abdication ; Ferdinand lui restitue la couronne, et le malheureux père substitue Napoléon à son héritier légitime. L'Empereur fait aussitôt décerner à son frère Joseph cette couronne extorquée, par une junte suprême, par le conseil de Castille et la municipalité de Madrid. Ferdinand est enfermé au château de Valençay, et Charles IV trouve un asile somptueux à Compiègne.

Mais les peuples ne se résignent pas aussi facilement que les princes. Les Espagnols et les Portugais se soulèvent au nom de leur indépendance, de leur religion et de leurs antiques préjugés, attaqués par les Français. Une guerre d'extermination commence. Ce ne sont plus des batailles régulières. Dans les grandes rencontres, nos troupes triomphent ; mais le poignard, l'incendie et la faim les déciment promptement. La déplorable capitulation de Baylen, où treize mille soldats se trouvent forcés de mettre bas les armes, achève de porter le découragement dans nos rangs. Napoléon, qui vient de mettre le pape à la raison, accourt en Espagne, et aux trois journées de Burgos, d'Espinosa et de Tudela, il relève la fortune de nos armes. Sa présence ramène sous nos drapeaux la victoire ; mais la victoire fuit à tire d'aile avec son cheval. Les Anglais, un instant chassés de la Péninsule, y rentrent avec des renforts, et ils n'en doivent sortir que pour nous livrer bataille à Toulouse.

A Erfurt, Napoléon ravive l'enthousiasme d'Alexandre de Russie pour sa personne. Aussi l'Autriche supporte seule, avec l'or de l'Angleterre, le poids et les malheurs de la campagne de 1809, célèbre par les victoires d'Eckmulh, d'Esling et de Wagram. En octobre 1809, l'Empereur signe le traité de Vienne, qui accroît encore sa puissance, et dont une des conséquences est son mariage avec l'archiduchesse Marie-Louise, précédé de son divorce avec Joséphine. La même année, le pape ayant lancé une bulle d'excommunication contre lui, il le fit enlever et transférer à Florence, à Grenoble, à Savone et à Fontainebleau, où le prirent les événements de 1814. Toutes les puissances allaient bientôt se trouver liguées contre Napoléon : les éléments, le fanatisme religieux, les nationalités, la liberté de 89, se préparaient à lui opposer une accablante résistance. En 1811, le ciel lui donne un héritier qui, comme son père, mourra dans l'exil, d'un mal inconnu, à la fleur de l'âge.

La guerre d'Espagne continue à ruiner nos armées. Cependant elle n'empêche pas Napoléon de réunir cinq cent mille hommes de troupes pour marcher à la conquête de la Russie, devenue l'alliée de l'Autriche. Cette désastreuse campagne est trop connue pour que nous ayons besoin de la raconter. Qui ne sait par quelque perte cruelle combien elle a coûté à la France ? Certes, lorsqu'elle s'ouvrit sous les auspices de tant de brillants faits d'armes, personne n'aurait pu en prévoir la fin désastreuse. Il a fallu toutes les rigueurs d'un hiver sans exemple pour détruire la plus belle armée qu'on ait jamais vue.

De retour à Paris, où la conspiration Mallet avait pu réussir un instant sur le bruit de sa mort habilement répandu, il demande à la nation épuisée de nouveaux sacrifices d'hommes et d'argent, et vole en Allemagne. Il a pour ennemies la Prusse, la Suède, la Russie et l'Angleterre, et ses troupes sont inférieures de moitié à celles qu'il lui faut combattre. Ici se réveille le génie du général de Lodi et d'Arcole. A la bataille de Lutzen il bat, avec des conscrits et sans cavalerie, les Russes et les Prussiens. Cette victoire produit les résultats moraux les plus heureux. A Bautzen et à Wurschen, il taille de nouveau en pièces les forces combinées de la Russie et de la Prusse. Abattus par ces deux journées, les alliés se retiraient vers la Vistule, lorsque l'Autriche, qui avait gardé une perfide neutralité, s'interposant comme médiatrice, fit signer une suspension d'armes. Napoléon donna malheureusement dans le piége que lui tendait M. de Metternich. S'il eût poursuivi l'épée dans les reins les troupes battues de ses ennemis, il redevenait encore l'arbitre de l'Europe. En accédant à la trève demandée, il ne fit que laisser le temps aux alliés de réparer leurs désastres ; et lorsque les négociations de Prague furent rompues, il les retrouva pleins de confiance et fortifiés de l'appui de l'Autriche, qui venait d'entrer dans la coalition. Cependant cette faute se trouve compensée par la victoire de Dresde , qui le met en position de conclure une paix avantageuse ; mais il laisse de nouveau échapper une occasion favorable de rendre le repos à la nation. La bataille de Leipsick, qui se prolonge pendant trois jours et qui coûta cent cinquante mille hommes aux alliés, sans la trahison des Bavarois et des Wurtembergeois qui passèrent sur le champ de bataille à l'ennemi, aurait changé la face des choses. Nos troupes, considérablement réduites, se font jour à travers des populations insurgées, écrasent les Autrichiens et les Bavarois à Hanau, et, le 2 novembre 1813, passent le Rhin.

Napoléon n'est plus alors un conquérant ambitieux , foulant aux pieds les peuples et les rois ; il va maintenant combattre pour défendre l'indépendance nationale. Le despote s'efface devant le général qui demande à sauver le pays. Le Corps-Législatif, muet pendant dix ans , ne recouvre la parole qu'à cet instant suprême où la cause d'un homme est devenue la cause de tous. Il s'agit bien de récriminer contre le passé ! le présent ne suffit-il pas pour absorber toutes les préoccupations ? Napoléon , indigné avec raison de ce bavardage intempestif, prononce, le 25, la dissolution du Corps-Législatif, et part pour la campagne qui va décider des destinées de la France. L'ennemi pénétrait sur le sol de la patrie par tous les points. Des millions d'hommes s'étaient levés pour tomber sur nos plaines. Bernadotte, avec les Suédois, menaçait la Belgique. L'armée de Silésie s'avançait par Francfort sous les ordres de Blücher. La grande armée de la coalition, sous Schwartzemberg , débouchait par la Suisse. Wellington franchissait les Pyrénées et marchait vers Toulouse. Comment Napoléon , pressé par tant d'ennemis, a-t-il pu conserver son sang-froid ? Ah ! oui, c'est à présent qu'il est le plus grand des hommes ; il est le génie même de la France avec toute sa puissance et tout son dévouement chevaleresque. Courage, mon Empereur ! multipliez les miracles de bravoure, d'activité, d'intelligence ; le destin est contre vous, mais les noms de Montmirail, de Champ-Aubert, de Vauchamp, de Château-Thierry, de Montereau, protégeront votre mémoire contre les attaques de vos plus impitoyables détracteurs ! Quel est le Français qui, en lisant cette immortelle campagne de 1814, ne pleure d'admiration à la vue de tant d'efforts inutilement tentés par Napoléon pour rejeter les ennemis au delà du Rhin ? Et quel est l'étranger qui n'oublie l'oppresseur de sa patrie pour rendre hommage au capitaine dont l'épée, comme le doigt de Dieu, arrêta l'invasion d'une mer déchaînée de peuples ?

Il fallut le concours extraordinaire de troupes incalculables et de traîtres sans nombre pour ouvrir le chemin et les portes de Paris aux alliés. Napoléon succomba au milieu de ses victoires. Le 11 avril 1814, il signa son abdication à Fontainebleau, et le 20, en partant pour l'île d'Elbe, qu'on lui avait assignée pour retraite, il fit les adieux les plus touchants aux soldats de sa vieille garde, dont il serra le général sur son cœur.

Ainsi tomba cet homme qui, comme Atlas, avait porté le monde sur ses épaules pendant dix ans. En 1815 il reviendra en France ; *l'aigle volera de clocher en clocher jusqu'aux tours de Notre-Dame* ; mais l'inintelligence des représentants de la nation, qui répondront par le mot liberté au cri d'indépendance nationale que poussera Napoléon, les plus inconcevables fatalités, et la trahison, ce ver rongeur de toutes les prospérités impériales, amèneront le désastre irréparable de Waterloo.

Déporté à Sainte-Hélène, l'Empereur expirera lentement sous l'influence d'un climat meurtrier et des abominables traitements de l'oligarchie britannique. En vain il épiera une lueur d'espérance et de consolation aux immenses horizons qui l'entourent. Quelquefois il montera sur la colline déserte, au moment où le soleil se couche dans sa majesté. Sur la vaste mer il cherchera une voile blanche ; et lorsque le vaisseau tant désiré lui aura enfin apparu, il se sentira d'avance comme ranimé par une brise d'Europe. Ses vœux appelleront le navire ; mais les vents jaloux lui déroberont ce répit à ses douleurs. La voile fuira, et il sentira son âme déchirée comme si de nouveau l'on venait de rompre les liens qui l'attachaient à la France. Mais lorsque l'ancre tombera dans les flots écumants de Longwood, n'éprouvera-t-il pas encore quelque amère déception ? Que lui apportera ce navire ? Des nouvelles de la France, de son fils, de sa mère ? Non. Sera-t-il au moins un écho de l'admiration et des sympathies du peuple pour le martyr de l'Angleterre ? Non. Lui laissera-t-il un de ces chants de poëte qui sont comme le dictame immortel des dieux ? Hélas ! une seule voix lui parviendra au travers de l'Océan, celle de la calomnie. Ce monstre seul rugira au milieu du silence qui le presse. Alors le grand homme, ô France ! doutera de toi, comme le Christ se crut abandonné de son Père au jardin des Oliviers, et il mourra ton image dans le cœur et le buste de son fils sous les yeux.

Nous voici arrivés au terme de notre course haletante à travers l'Empire.

A peine si nous avons pu indiquer les points culminants de l'immense horizon que nous venons de parcourir; à peine, si nous avons pu inscrire le long de notre route, sur des feuilles légères, quelques dates glorieuses, quelques noms resplendissants. Mais au moins, si nous avons forcément mutilé l'épopée napoléonienne, nous n'en avons pas couvert de boue les débris sacrés. Nous avons eu pour ces fastes tronqués d'une gloire nationale le même respect que les *Rhapsodes* d'Homère éprouvaient pour les moindres vers de l'*Iliade*. Nous savons que Napoléon n'a pas pu réunir l'unanimité des suffrages : hélas! Dieu lui-même n'est-il pas un sujet de controverse? L'Empereur a dû nécessairement rencontrer des détracteurs, les uns sincères, les autres hypocrites. A ceux qui ont menti à leur propre conscience en insultant une grandeur déchue, nous ne pouvons opposer que le cri de leurs propres remords; nous ne ferons pas l'honneur de répondre aux traîtres qui essaient d'appeler le sophisme au secours du parjure : il est des bêtes auxquelles il faut laisser la triste satisfaction d'épuiser leur venin dans la vaste solitude qui les entoure. Il nous paraît fort inutile d'outrager les légitimistes de bonne foi qui peuvent encore balbutier le mot d'usurpation : s'ils ne comprennent pas Napoléon, ce n'est pas leur faute; ils sont venus au monde à contre-temps; ils méritaient de vivre sous le règne de Louis XIV. A ceux qui préconisent la Terreur, nous dirons qu'ils ne sont pas recevables à blâmer le coup d'état de brumaire. La révolution presque tout entière n'a vécu que d'attentats comme celui qu'on reproche si amèrement à Napoléon; il n'a fait que suivre l'exemple qu'on lui avait donné. La dictature avait passé tour à tour dans les mains de tous les partis, et tous ils en avaient abusé pour proscrire leurs adversaires. Napoléon s'en servit pour relever les ruines et organiser les éléments nouveaux qu'on laissait à terre. Sans doute la liberté a été beaucoup trop comprimée par ce despotisme réparateur ; nous le regrettons autant dans l'intérêt de la France que dans l'intérêt de Napoléon; mais avant d'être libre, la nation voulait être reconstituée, et l'Empereur a rempli admirablement cette mission ; il s'en est acquitté aux applaudissements d'une multitude enthousiaste qui lui devait le bien-être dont elle jouissait. S'acharner à ne voir que le despote dans Napoléon, c'est n'apercevoir que le revers du bouclier d'Achille, où les merveilles de la mythologie de la Grèce éclataient en traits sublimes; se montrer censeur impitoyable de la confiscation des garanties constitutionnelles, c'est juger l'histoire d'une manière absolue, comme un théorème de géométrie. Un fait social ne peut être observé sous son véritable jour que lorsqu'on le place dans l'atmosphère où il est éclos; or, la dictature impériale, qui serait un anachronisme en 1840, a été pendant dix ans la salutaire concentration des forces nationales dans les mains d'un génie organisateur. Vous ne pouvez pas expliquer autrement cet enthousiasme populaire qui est resté si fidèle à Napoléon.

Mais, dites-vous, cet enthousiasme est lui-même un immense danger qu'il faut conjurer au plus tôt. Le peuple, malheureusement, professe le culte de la force, et pour lui Napoléon n'est autre chose que le dieu de l'inexorable fatalité. Je ne crois pas que le peuple ait jamais mérité d'être aussi indignement calomnié.

Si le peuple admire Napoléon, c'est que, sachez-le bien, il se souvient d'Arcole et des Pyramides.

Si le peuple admire Napoléon, c'est qu'il voit dans le grand homme le législateur qui a gravé dans le *Code civil* le principe impérissable de l'égalité.

Si le peuple admire Napoléon, c'est qu'il passe à l'ombre de la Colonne, cette épopée en bronze, et sous l'Arc de Triomphe, ces archives en pierre de la gloire nationale, remplies du nom de l'Empereur.

Si le peuple admire Napoléon, c'est que pendant que les maréchaux et les grands corps de l'État trahissaient, il défendait à Montmirail et à Waterloo le sol de la patrie, sous les ordres du vainqueur d'Austerlitz.

Si le peuple admire Napoléon, ah! croyez-le bien, c'est que le peuple admire la gloire, le génie, et le malheur noblement supporté; c'est que lui seul a l'âme assez vaste pour contenir tous les instincts de grandeur, et ressentir toutes les angoisses du captif de Sainte-Hélène! Non, le peuple ne s'incline pas devant l'autel de la force brutale en honorant la mémoire de Napoléon : il l'admire comme sa propre image idéalisée, comme le représentant de la démocratie victorieuse d'abord, et puis expiant ses triomphes sur un rocher où les vents perfides venaient tous les jours l'abreuver de nouvelles calomnies. Oui, le peuple l'admire comme le génie même de la civilisation moderne, et la voix du peuple est la voix de Dieu, et le cœur du peuple est un sanctuaire immortel qui vaut bien tous les monuments au rabais que peut voter, sous forme d'amendement, une Chambre de Députés sans intelligence et sans patriotisme.

J. Ottavi.

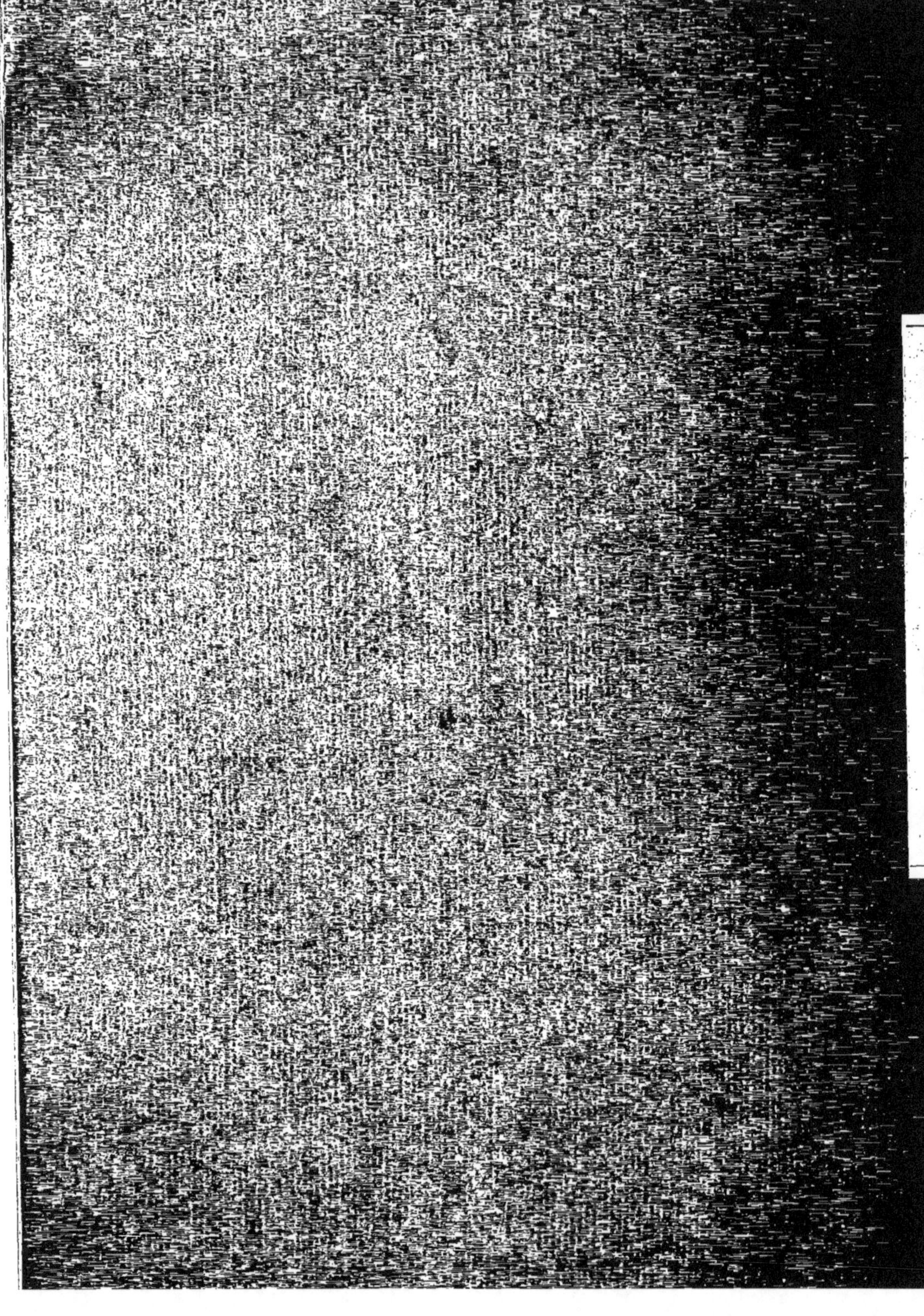